Евгений Онегин - либретто
Eugene Onegin – Libretto
Петр Ильич Чайковский
Pyotr Ilich Tchaikovksy

Евгений Онегин - либретто
Copyright © JiaHu Books 2013
First Published in Great Britain in 2013 by Jiahu Books – part of Richardson-Prachai Solutions Ltd, 34 Egerton Gate, Milton Keynes, MK5 7HH
ISBN: 978-1-909669-74-1
Conditions of sale
All rights reserved. You must not circulate this book in any other binding or cover and you must impose the same condition on any acquirer.
A CIP catalogue record for this book is available from the British Library
Visit us at: jiahubooks.co.uk

СЦЕНИЧЕСКАЯ ИСТОРИЯ	5
ЛИБРЕТТО	
ДЕЙСТВИЕ ПЕРВОЕ	11
ДЕЙСТВИЕ ВТОРОЕ	40
ДЕЙСТВИЕ ТРЕТЬЕ	59

Сценическая история

Опера впервые поставлена силами учащихся Московской Консерватории в 1879 г. Через два года – премьера на сцене Большого театра. "Евгений Онегин" – едва ли не самая новаторская опера из всего оперного творчества Чайковского. Многим в среде композитора сюжет романа Пушкина казался непригодным для сценического воплощения. Непросто входя в афишу оперных театров "Онегин", тем не менее, стал одной из самых репертуарных опер русской и мировой оперной сцены. При жизни композитора опера была поставлена в Москве (четырежды), Петербурге (четырежды), в Одессе (дважды), в Харькове, Тифлисе, Киеве, Праге, Гамбурге (дир. Густав Малер), и Лондоне. За дирижёрским пультом в одной из московских постановок (1889) стоял сам автор. В 1922 г. спектакль по опере "Евгений Онегин" был поставлен К.С.Станиславским в руководимой им Театре-студии. Спектакль этот оставался в репертуаре Московского музыкального театра им. К.С.Станиславского и В.И.Немировича-Данченко до конца 60-х годов.

Действующие лица

- Ларина, помещица – Меццо-сопрано

- Татьяна, её дочь – Сопрано

- Ольга, её дочь – Контральто

- Филипьевна, няня – Меццо-сопрано
- Евгений Онегин – Баритон
- Ленский – Тенор
- Князь Гремин – Бас
- Ротный – Бас
- Зарецкий – Бас
- Трике, француз-камердинер - Тенор
- Гильё, француз-гувернёр – Немая роль
- Крестьяне, крестьянки, помещики, помещицы, офицеры, гости на балу.

Действие происходит в 20-е годы XIX века в деревне и в Петербурге.

Краткое содержание

Действие первое

Картина первая. Усадьба Лариных; помещичий дом с террасой, выходящей в старый запущенный сад. Недалеко от дома, под деревом, хозяйка варит варенье; ей помогает старушка няня. А из дома доносится пение дочерей Лариной — всегда задумчивой, мечтательной Татьяны и шаловливой хохотушки Ольги. Их юные голоса напоминают матери и няне далёкую, ушедшую в прошлое молодость.

Вечереет. Крестьяне, окончившие жатву, по старинному обычаю, приносят барыне разукрашенный сноп. Неожиданно являются гости: сосед Лариных, молодой восторженный поэт Ленский — жених Ольги, страстно влюбленный в нее с детских лет, и его друг Онегин — холодный, надменный франт, недавно приехавший в свое имение из Петербурга. Приезд гостей вносит смятение. Все волнуются, с радостью и интересом встречая нового в поместье человека. Молодежь вскоре отправляется в сад. Ольга увлечена разговором с Ленским; Татьяна необыкновенно смущена вниманием, которое оказывает ей столичный гость.

Картина вторая. Комната Татьяны, скромно обставленная старинной мебелью; ночь... Татьяна вся полна новым чувством, так нежданно захватившим ее. Напрасно Филиппьевна старается развлечь свою воспитанницу, рассказывая ей о старине. Татьяна плохо слушает и, наконец, просит няню оставить ее одну. Все ее мысли заняты Онегиным, который своим разговором, резкостью и необычностью суждений покорил воображение провинциальной девушки. Татьяна влюблена; она не сомневается, что Онегин — тот человек, которого она втайне ждала всю свою жизнь. "Ты в сновиденьях мне являлся, незримый, ты уж был мне мил..." — доверчиво поверяет она свое чувство в письме к нему. Целая гамма переживаний сменяется в эту ночь в душе Татьяны. Незаметно наступает рассвет. "Кончаю! Страшно перечесть... Стыдом и страхом замираю... но мне порукой ваша честь, и смело ей себя вверяю!" По просьбе Татьяны Филиппьевна посылает внука передать письмо Онегину.

Картина третья. В саду усадьбы Лариных звучит безмятежная песня девушек, собирающих ягоды. Сюда же в страшном смятении вбегает Татьяна — приехал Онегин: он получил ее письмо!.. Мучительное раскаяние охватывает девушку: "Ах, для чего, стенанью вняв души больной, не в силах совладать с собой, ему письмо я написала!". Но поздно! - Онегин уже здесь, в саду... С холодным достоинством читает он нравоученье Татьяне: "Учитесь властвовать собой: не всякий вас, как я, поймет; к беде неопытность ведет!"

Действие второе

Картина первая. Бал в доме Лариных: празднуются именины Татьяны. Онегина, привыкшего к столичным торжествам, тут раздражает все — старомодные наряды гостей, их провинциальные танцы, сплетни и пересуды... Свое раздражение он переносит на Ленского: "Зачем приехал я на этот глупый бал! Я не прощу Владимиру услугу эту!" Весь вечер Онегин танцует с Ольгой, наслаждаясь ревностью и страданием друга. Оскорбленный Ленский требует объяснения и в ответ на спокойный, иронический тон Онегина, в пылу негодования, вызывает его на дуэль.

Картина вторая. Ранним морозным утром прибыл

к месту дуэли Ленский. "Что день грядущий мне готовит? Его мой взор напрасно ловит..." — с тоской и болью думает он о предстоящем поединке. Вместе с Ленским ожидает приезда Онегина секундант Зарецкий. Наконец Онегин является, все готово к дуэли, но недавние друзья медлят - оба понимают всю случайность, всю нелепость происходящего: "Не засмеяться ль нам, пока не обагрилася рука, не разойтись ли полюбовно?" Но нет! Секунданты разводят противников на свои места. Зарецкий дает знак сходиться. Онегин стреляет первым; Ленский падает. Бросившийся к нему Онегин с ужасом видит, что его друг мертв.

Действие третье

Картина первая. Бал в одном из аристократических домов Петербурга. В числе приглашенных князь Гремин — ветеран русских войн, благосклонно принятый царским двором. Здесь, на великосветском празднестве, встречает он Онегина, своего старого друга, только что вернувшегося из-за границы. Онегин несколько лет не был в Петербурге; он не знает, что Гремин женат: "Давно ли?" — "Около двух лет". — "На ком?" — "На Лариной Татьяне". Гремин представляет друга своей жене. Онегин поражен: он с трудом узнает в этой светской, полной благородства и достоинства даме прежнюю девочку, которой он когда-то читал нравоученья. "Увы, сомненья нет, влюблен я! Влюблен, как мальчик, полный страсти юной!" — с волнением признается себе Онегин.

Картина вторая. Много дней искал Евгений встречи с Татьяной, много слов любви сказал в своих письмах к ней, но... ответа нет. Онегин решает пренебречь правилами света и явиться в ее дом без приглашенья. Неожиданно войдя в комнату княгини Греминой, он видит прежнюю Таню, склонившуюся над его письмами и плачущую над ними. Потрясенный Онегин бросается на колени, но "прошлого не воротить!" Татьяна просит оставить ее: "Я отдана теперь другому, моя судьба уж решена, я буду век ему верна". Онегин наконец понимает, что Татьяна навсегда потеряна для него.

Петр Ильич ЧАЙКОВСКИЙ (1840-1893)

ЕВГЕНИЙ ОНЕГИН Лирические сцены в трёх действиях (семи картинах)

Либретто П.Чайковского при участии К. Шиловского (по одноименному роману в стихах А.С.Пушкина с сохранением многих стихов подлинника)

ДЕЙСТВИЕ ПЕРЗОЕ

Картина первая

Усадьба Лариных - дом и прилегающий к нему сад. Вечереет. Ларина и няня варят варенье. Из дома слышно пенье Татьяны и Ольги.

1. Дуэт и квартет.

ТАТЬЯНА, ОЛЬГА (за сценой).
Слыхали ль вы за рощей глас ночной
Певца любви, певца своей печали?
Когда поля в час утренний молчали,
Свирели звук, унылый и простой,
Слыхали ль вы?

ЛАРИНА (няне).
Они поют и я, бывало,
В давно прошедшие года -
Ты помнишь ли? - и я певала.

ФИЛИПЬЕВНА. Вы были молоды тогда!

ТАТЬЯНА, ОЛЬГА (за сценой).

Вздохнули ль вы, внимая тихий глас
Певца любви, певца своей печали?
Когда в лесах вы юношу видали,
Встречая взор его потухших глаз,
Вздохнули ль вы? Вздохнули ль вы?

ЛАРИНА. Как я любила Ричардсона!

ФИЛИПЬЕВНА. Вы были молоды тогда.

ЛАРИНА.
Не потому, чтобы прочла.
Но в старину княжна Алина,
Моя московская кузина,
Твердила часто мне о нем.

ФИЛИПЬЕВНА. Да, помню, помню.

ЛАРИНА. Ах, Грандисон! Ах, Грандисон!

ФИЛИПЬЕВНА
Да, помню, помню.
В то время был еще жених
Супруг ваш, но вы поневоле
Тогда мечтали о другом,
Который сердцем и умом
Вам нравился гораздо боле!

ЛАРИНА.
Ведь он был славный франт,
Игрок и гвардии сержант!

ФИЛИПЬЕВНА. Давно прошедшие года!

ЛАРИНА. Как я была всегда одета!

ФИЛИПЬЕВНА. Всегда по моде!

ЛАРИНА. Всегда по моде и к лицу!

ФИЛИПЬЕВНА. Всегда по моде и к лицу!

ЛАРИНА. Но вдруг без моего совета...

ФИЛИПЬЕВНА.
Свезли внезапно вас к венцу!
Потом, чтобы рассеять горе...

ЛАРИНА.
Ах, как я плакала сначала,
С супругом чуть не развелась!

ФИЛИПЬЕВНА.
Сюда приехал барин вскоре,
Вы тут хозяйством занялись,
Привыкли - и довольны стали.

ЛАРИНА.
Потом хозяйством занялась,
Привыкла и довольна стала.

ФИЛИПЬЕВНА. И, слава Богу!

ЛАРИНА, ФИЛИПЬЕВНА.
Привычка свыше нам дана,
Замена счастию она.
Да, так-то так!

Привычка свыше нам дана,
Замена счастию она.

ЛАРИНА.
Корсет, альбом, княжну Полину,
Стихов чувствительных тетрадь,
Я все забыла.

ФИЛИПЬЕВНА.
Стали звать,
Акулькой прежнюю Селину
И обновили, наконец...

ЛАРИНА. Ах,

ЛАРИНА, ФИЛИПЬЕВНА.
На вате шлафор и чепец!
Привычка свыше нам дана,
Замена счастию она.
Да, так-то так!
Привычка свыше нам дана,
Замена счастию она.

ЛАРИНА. Но муж, меня любил сердечно...

ФИЛИПЬЕВНА. Да. барин вас любил сердечно,

ЛАРИНА. Во всем мне верил он беспечно.

ФИЛИПЬЕВНА. Во всем вам верил он беспечно.

ЛАРИНА, ФИЛИПЬЕВНА.
Привычка свыше нам дана,

Замена счастию она.

2. Хор и пляска крестьян.

Вдали слышится крестьянская песня.

ЗАПЕВАЛА (за сценой).
Болят мои скоры ноженьки
Со походушки.

КРЕСТЬЯНЕ (за сценой).
Скоры ноженьки со походушки.

ЗАПЕВАЛА.
Болят мои белы рученьки
Со работушки.

КРЕСТЬЯНЕ
Белы рученьки со работушки.
Щемит мое ретивое сердце
Со заботушки.
Не знаю, как быть,
Как любезного забыть!
Болят мои скоры ноженьки...
Со походушки.
Болят мои белы рученьки
Со работушки,
Белы рученьки со работушки.

Входят крестьяне со снопом.

Здравствуй, матушка-барыня!
Здравствуй, наша кормилица!

Вот мы пришли к твоей милости,
Сноп принесли разукрашенный!
С жатвой покончили мы!

ЛАРИНА.
Что ж, и прекрасно! Веселитесь!
Я рада вам. Пропойте что-нибудь повеселей!

КРЕСТЬЯНЕ.
Извольте, матушка, потешим барыню!

Ну, девки, в круг сходитесь!
Ну, что ж вы? становитесь, становитесь!

Молодежь заводит хоровод со снопом, остальные поют. Из дома на балкон выходят Татьяна с книгой в руках и Ольга.

Уж как по мосту-мосточку,
По калиновым досочкам,
Вайну, вайну, вайну, вайну,
По калиновым досочкам,
Тут и шел-прошел детина,
Словно ягода-малина,
Вайну, вайну, вайну, вайну,
Словно ягода-малина.
На плече несет дубинку,
Под полой несет волынку,
Вайну, вайну, вайну, вайну,
Под полой несет волынку,
Под другой несет гудочек.
Догадайся, мил-дружочек,
Вайну, вайну, вайну, вайну,

Догадайся, мил дружочек.
Солнце село, ты не спишь ли!
Либо выйди, либо вышли,
Вайну, вайну, вайну, вайну,
Либо выйди, либо вышли,
Либо Сашу, либо Машу,
Либо душечку-Парашу,
Вайну, вайну, вайну, вайну,
Либо душечку-Парашу,
Либо Сашу, либо Машу,
Либо душечку-Парашу,
Парашенька выходила,
С милым речи говорила:
Вайну, вайну, вайну, вайну,
С милым речи говорила:
"Не бессудь-ка, мой дружочек,
В чем ходила, в том и вышла,
В худенькой во рубашонке,
Во короткой понижонке,
Вайну, вайну, вайну, вайну,
В худенькой во рубашонке,
Во короткой понижонке!
Вайну!

3. Сцена и ария Ольги.

ТАТЬЯНА.
Как я люблю под звуки песен этих
Мечтами уноситься иногда куда-то,
Куда-то далеко.

ОЛЬГА.
Ах, Таня, Таня!

Всегда мечтаешь ты!
А я так не в тебя,
Мне весело, когда я пенье слышу

(Приплясывает.)
"Уж как по мосту-мосточку,
По калиновым досочкам..."
Я не способна к грусти томной
Я не люблю мечтать в тиши,
Иль на балконе, ночью темной,
Вздыхать, вздыхать,
Вздыхать из глубины души.
Зачем вздыхать, когда счастливо
Мои дни юные текут?
Я беззаботна и шаловлива,
Меня ребенком все зовут!
Мне будет жизнь всегда, всегда мила,
И я останусь, как и прежде
Подобно ветреной надежде,
Резва, беспечна, весела.
Я не способна к грусти томной
Я не люблю мечтать в тиши,
Иль на балконе, ночью темной,
Вздыхать, вздыхать,
Вздыхать из глубины души.
Зачем вздыхать, когда счастливо
Мои дни юные текут?
Я беззаботна и шаловлива,
Меня ребенком все зовут!

4. Сцена.

ЛАРИНА.
Ну, ты, моя вострушка,
Веселая и резвая ты пташка!
Я думаю, - плясать сейчас готова.
Не правда ли?

ФИЛИПЬЕВНА (Татьяне).
Танюша! А, Танюша! Что с тобой?
Уж не больна ли ты?

ТАТЬЯНА. Нет, няня, - я здорова.

ЛАРИНА (крестьянам).
Ну, милые, спасибо вам за песни!
Ступайте к флигелю! (Няне.) Филипьевна,
А ты вели им дать вина.
Прощайте, други!

КРЕСТЬЯНЕ. Прощайте, матушка!

Крестьяне уходят. Няня тоже уходит вслед за ними. Татьяна садится на ступеньки террасы и углубляется в книгу.

ОЛЬГА. Мамаша, посмотрите-ка на Таню!

ЛАРИНА.
А что? (Вглядываясь в Татьяну.) И впрямь, мой друг,
Бледна ты очень

ТАТЬЯНА.
Я всегда такая, не тревожьтесь, мама!

Очень интересно то, что я читаю.

ЛАРИНА (смеясь). Так оттого бледна ты?

ТАТЬЯНА.
Да как же, мама! Повесть мук сердечных
Влюбленных двух меня волнует.
Мне так жаль их, бедных!
Ах, как они страдают,
Как они страдают.

ЛАРИНА.
Полно, Таня.
Бывало я, как ты,
Читая книги эти, волновалась.
Все это вымысел. Прошли года,
И я увидела, что в жизни нет героев.
Покойна я.

ОЛЬГА.
Напрасно так покойны!
Смотрите, фартук ваш вы снять забыли!
Ну, как приедет Ленский, что тогда?

Ларина торопливо снимает передник. Ольга смеется. Слышен шум колес подъезжающего экипажа и звон бубенчиков.

ОЛЬГА. Чу! Подъезжает кто-то. Это он!

ЛАРИНА. И в самом деле!

ТАТЬЯНА.(смотря с террасы). Он не один...

ЛАРИНА. Кто б это был?

ФИЛИПЬЕВНА (торопливо входя с казачком).
Сударыня, приехал Ленский барин.
С ним господин Онегин!

ТАТЬЯНА. Ах, скорее убегу!

ЛАРИНА (удерживая ее).
Куда ты, Таня?
Тебя осудят! Батюшки, а чепчик
Мой на боку!

ОЛЬГА (Лариной). Велите же просить!

ЛАРИНА (казачку). Проси, скорей, проси!

Казачок убегает. Все в величайшем волнении приготовляются встретить гостей. Няня охорашивает Татьяну и потом уходит, делая ей знак, чтоб та не боялась.

5. Сцена и квартет

Входят Ленский и Онегин. Ленский подходит к руке Лариной и почтительно кланяется девицам.

ЛЕНСКИЙ.
Mesdames! Я на себя взял смелость
Привесть приятеля. Рекомендую вам
Онегин, мой сосед.

ОНЕГИН (кланяясь). Я очень счастлив!

ЛАРИНА (конфузясь).
Помилуйте, мы рады вам; Присядьте!
Вот дочери мои.

ОНЕГИН. Я очень, очень рад!

ЛАРИНА.
Войдемте в комнаты! Иль, может быть, хотите
На вольном воздухе остаться?
Прошу вас,
Без церемоний будьте, мы соседи,
Так нам чиниться нечего!

ЛЕНСКИЙ.
Прелестно здесь! Люблю я этот сад
Укромный и тенистый!
В нем так уютно!

ЛАРИНА.
Прекрасно! (Дочерям).
Пойду похлопотать я в доме по хозяйству.
А вы гостей займите. Я сейчас.

*Онегин подходит к Ленскому и тихо говорит с ним.
Татьяна и Ольга в раздумье стоят поодаль.*

ОНЕГИН (Ленскому). Скажи, которая Татьяна?

ЛЕНСКИЙ.
Да та, которая грустна
И молчалива, как Светлана!

ОНЕГИН.
Мне очень любопытно знать.
Неужто ты влюблен в меньшую?

ЛЕНСКИЙ. А что?

ОНЕГИН.
Я выбрал бы другую
Когда б я был, как ты, поэт!

ТАТЬЯНА. (про себя).
Я дождалась, открылись очи!
Я знаю, знаю это он!

ОЛЬГА.
Ах, знала, знала я, что появленье
Онегина произведет
На всех большое впечатленье,
И всех соседей развлечет!
Пойдет догадка за догадкой...

ЛЕНСКИЙ. Ах, милый друг,

ОНЕГИН.
В чертах у Ольги жизни нет,
Точь-в-точь в Вандиковой Мадонне.
Кругла, красна лицом она...
Как эта глупая луна,
На этом глупом небосклоне!

ЛЕНСКИЙ.
...волна и камень,
Стихи и проза, лед и пламень,

Не столь различны меж собой...
Как мы взаимной разнотой!

ТАТЬЯНА.
Увы, теперь и дни, и ночи
И жаркий, одинокий сон.
Все, все напомнит образ милый!

ОЛЬГА.
Все станут толковать украдкой
Шутить, судить не без греха!
Пойдет догадка,.. пойдет догадка за догадкой.

ТАТЬЯНА.
Без умолку, волшебной силой,
Все будет мне твердить о нем,
И душу жечь любви огнем.

ОЛЬГА.
Шутить, судить не без греха,
И Тане прочить жениха!

ТАТЬЯНА.
Все будет мне твердить о нем,
И душу жечь любви огнем!

6. Сцена ариозо Ленского.

ЛЕНСКИЙ.
Как счастлив, как счастлив я!
Я снова вижусь с вами!

ОЛЬГА. Вчера мы виделись, мне кажется.

ЛЕНСКИЙ.
О да! Но все ж день целый,
Долгий день прошел в разлуке.
Это вечность!

ОЛЬГА.
Вечность!
Какое слово страшное!

ЛЕНСКИЙ
Быть может...
Но для любви моей оно не страшно!
Ленский и Ольга уходят в глубину сада.

ОНЕГИН. (Татьяне).
Скажите мне, я думаю, бывает вам
Прескучно здесь в глуши,
Хотя прелестной, но далекой?
Не думаю, чтоб много развлечений
Дано вам было.

ТАТЬЯНА. Я читаю много.

ОНЕГИН
Правда,
Дает нам чтенье бездну пищи
Для ума и сердца,
Но не всегда сидеть нам можно с книгой!

ТАТЬЯНА. Мечтаю иногда, бродя по саду.

ОНЕГИН. О чем же вы мечтаете?

ТАТЬЯНА.
Задумчивость моя подруга
от самих колыбельных дней.

ОНЕГИН.
Я вижу, вы мечтательны ужасно,
И я таким когда-то был.

Онегин и Татьяна, продолжая беседовать, удаляются по садовой аллее. Ленский и Ольга возвращаются.

ЛЕНСКИЙ.
Я люблю вас,
Я люблю вас, Ольга,

Как одна безумная душа поэта
Еще любить осуждена.
Всегда, везде одно мечтанье,
Одно привычное желанье,
Одна привычная печаль!
Я отрок был тобой плененный,
Сердечных мук еще не знав,
Я был свидетель умиленный
Твоих младенческих забав.
В тени хранительной дубравы
Я разделял твои забавы.
Я люблю тебя, я люблю тебя,
Как одна душа поэта только любит.
Ты одна в моих мечтаньях,
Ты одно мое желанье,
Ты мне радость и страданье.
Я люблю тебя, я люблю тебя,

И никогда, ничто:
Ни охлаждающая даль,
Ни час разлуки, ни веселья шум
Не отрезвят души,
Согретой девственным любви огнем!

ОЛЬГА.
Под кровом сельской тишины...
Росли с тобою вместе мы...

ЛЕНСКИЙ.
Я люблю тебя!..

ОЛЬГА.
И помнишь, прочили венцы
уж в раннем детстве нам отцы.

ЛЕНСКИЙ. Я люблю тебя, люблю тебя!

7. Заключительная сцена

ЛАРИНА. А, вот и вы! Куда же делась Таня?

ФИЛИПЬЕВНА
Должно быть, у пруда гуляет с гостем;
Пойду ее покликать.

ЛАРИНА.
Да скажи-ка ей,
Пора де в комнаты, гостей голодных
Попотчевать чем бог послал! (Няня уходит.)
(Ленскому.) Прошу вас, пожалуйте!

ЛЕНСКИЙ. Мы вслед за вами.

Ларина идет в комнаты. За ней, чуть поотстав, уходят Ольга с Ленским. От пруда к дому медленно идут Татьяна и Онегин, за ними поодаль – няня.

ОНЕГИН (Татьяне).
Мой дядя самых честных правил,
Когда не в шутку занемог,
Он уважать себя заставил,
И лучше выдумать не мог,
Его пример другим наука.
(Уже на террасе.)
Но, Боже мой, какая скука
С больным сидеть и день, и ночь,
Не отходя ни шагу прочь!
(Татьяна и Онегин входят в дом.)

ФИЛИПЬЕВНА (про себя).
Моя голубка, склонив головку
И, глазки опустив, идет смирненько,
Стыдлива больно! А и то!
Не приглянулся ли ей барин этот новый?
(Уходит в дом, задумчиво качая головой.)

Картина вторая

Комната Татьяны. Поздний вечер.

8.   *Антракт и сцена с няней.*

ФИЛИПЬЕВНА.
Ну, заболталась я! Пора уж, Таня!

Рано тебя я разбужу к обедне. Засни скорей.

ТАТЬЯНА.
Не спится, няня, здесь так душно!
открой окно и сядь ко мне.

ФИЛИПЬЕВНА. Что, Таня, что с тобой?

ТАТЬЯНА. Мне скучно, поговорим о старине.

ФИЛИПЬЕВНА.
О чем же, Таня? Я, бывало,
Хранила в памяти немало
Старинных былей и небылиц
Про злых духов и про девиц,
А ныне все темно мне стало:
Что знала, то забыла. Да!
Пришла худая череда!
Зашибло!

ТАТЬЯНА
Расскажи мне, няня,
Про ваши старые года:
Была ты влюблена тогда?

ФИЛИПЬЕВНА
И полно, Таня! В наши лета
Мы не слыхали про любовь,
А то покойница свекровь
Меня бы согнала со света!

ТАТЬЯНА. Да как же ты венчалась, няня?

ФИЛИПЬЕВНА.
Так, видно, Бог велел! Мой Ваня
Моложе был меня, мой свет,
А было мне тринадцать лет!
Недели две ходила сваха
К моей родне и, наконец,
Благословил меня отец!
Я горько плакала со страха,
Мне с плачем косу расплели,
И с пеньем в церковь повели,
И вот ввели в семью чужую ...
Да ты не слушаешь меня?

ТАТЬЯНА.
Ах, няня, няня, я страдаю, я тоскую,
Мне тошно, милая моя,
Я плакать, я рыдать готова!

ФИЛИПЬЕВНА.
Дитя мое, ты нездорова.
Господь помилуй и спаси!
Дай окроплю тебя святой водою.
Ты вся горишь.

ТАТЬЯНА.
Я не больна,
Я, ... знаешь няня, ... я ... влюблена ...
Оставь меня, оставь меня, ...
Я влюблена ...

ФИЛИПЬЕВНА. Да как же...

ТАТЬЯНА.
Поди, оставь меня одну!..
Дай, няня мне перо, бумагу,
Да стол придвинь; я скоро лягу.
Прости...

ФИЛИПЬЕВНА.
Покойной ночи Таня! (Уходит.)

9. *Сцена письма.*

ТАТЬЯНА.
Пускай погибну я, но прежде
я в ослепительной надежде
блаженство темное зову,
я негу жизни узнаю!

Я пью волшебный яд желаний!
меня преследуют мечты!
Везде, везде передо мной
Мой искуситель роковой!
Везде, везде, он предо мною!
(Быстро пишет, но тотчас же рвет написанное)
Нет, все не то! Начну сначала!
Ах, что со мной! я вся горю!
Не знаю, как начать...
(Задумывается, потом снова начинает писать.)
Я к вам пишу, - чего же боле?
Что я могу еще сказать?
Теперь я знаю, в вашей воле
Меня презреньем наказать!
Но вы, к моей несчастной доле
Хоть каплю жалости храня,

Вы не оставите меня.
Сначала я молчать хотела;
Поверьте, моего стыда
Вы не узнали б никогда,
Никогда!.. (Задумывается.)
О да, клялась я сохранить в душе
Признанье в страсти пылкой и безумной!
Увы! не в силах я владеть своей душой!
Пусть будет то, что быть должно со мной!
Ему признаюсь я! Смелей! Он все узнает!
(Продолжает писать.)
Зачем, зачем вы посетили нас?
В глуши забытого селенья
Я б никогда не знала вас,
Не знала б горького мученья.
Души неопытной волненья
Смирив, со временем, (как знать?)
По сердцу я нашла бы друга,
Была бы верная супруга
И добродетельная мать...
Другой! Нет, никому на свете
Не отдала бы сердца я!
То в Вышнем суждено совете,
То воля неба: я твоя!
Вся жизнь моя была залогом
Свиданья верного с тобой;
Я знаю: ты мне послан Богом
До гроба ты хранитель мой.
Ты в сновиденьях мне являлся,
Незримый, ты уж был мне мил,
Твой чудный взгляд меня томил,
В душе твой голос раздавался.
Давно ... нет, это был не сон!

Ты чуть вошел, я вмиг узнала...
Вся обомлела, запылала,
И в мыслях молвила: вот он!
Вот он!
Не правда ль! Я тебя слыхала...
Ты говорил со мной в тиши,
Когда я бедным помогала,
Или молитвой услаждала
Тоску волнуемой души?
И в это самое мгновенье
Не ты ли, милое виденье,
В прозрачной темноте мелькнул,
Приникнув тихо к изголовью?
Не ты ль с отрадой и любовью
Слова надежды мне шепнул?
Кто ты, мой ангел ли хранитель
Или коварный искуситель?
Мои сомненья разреши.
Быть может, это все пустое,
Обман неопытной души,
И суждено совсем иное?..
Но так и быть! Судьбу мою
Отныне я тебе вручаю,
Перед тобою слезы лью,
Твоей защиты умоляю,
Умоляю!
Вообрази: я здесь одна!
Никто меня не понимает!
Рассудок мой изнемогает,
И молча гибнуть я должна!
Я жду тебя,
Я жду тебя! Единим словом
Надежды сердца оживи,

Иль сон тяжелый перерви.

Увы, заслуженным укором!
Кончаю, страшно перечесть
Стыдом и страхом замираю,
Но мне порукой ваша честь.
И смело ей себя вверяю!
Восходит солнце. Татьяна открывает окно.

10. Сцена и дуэт

ТАТЬЯНА.
Ах, ночь минула,
Проснулось все и солнышко встает.
Пастух играет... Спокойно все.
А я-то! Я-то?!
(Татьяна задумывается. Входит няня.)

ФИЛИПЬЕВНА
Пора, дитя мое! Вставай!
Да ты, красавица, готова!
О, пташка ранняя моя!
Вечор уж как боялась я...
Ну, слава Богу, ты дитя здорова:
Тоски Ночной и следу нет,
Лицо твое, как маков цвет!

ТАТЬЯНА. Ах, няня, сделай одолженье ...

ФИЛИПЬЕВНА. Изволь, родная, - прикажи!

ТАТЬЯНА.
Не думай... право... подозренье...

Но видишь ... ах, не откажи!

ФИЛИПЬЕВНА. Мой друг, вот Бог тебе порукой!

ТАТЬЯНА.
Итак, пошли тихонько внука
С запиской этой к О... к тому ...
К соседу, да вели ему,
Чтоб он не говорил ни слова,
Чтоб он, чтоб он не называл меня.

ФИЛИПЬЕВНА.
Кому же, милая моя?
Я нынче стала бестолкова!
Кругом соседей много есть.
Куда мне их и перечесть?
Кому же, кому же, ты толком говори!

ТАТЬЯНА. Как недогадлива ты, няня!

ФИЛИПЬЕВНА.
Сердечный друг уж я стара!
Стара; тупеет разум, Таня;
А то, бывало, я востра.
Бывало, бывало, мне слово барской воли ...

ТАТЬЯНА.
Ах, няня, няня, до того ли!
Что нужды мне в твоем уме:
Ты видишь, няня, дело о письме...

ФИЛИПЬЕВНА,
Ну, дело, дело, дело!

Не гневайся, душа моя!
Ты знаешь: непонятна я

ТАТЬЯНА. ...К Онегину!

ФИЛИПЬЕВНА. Ну, дело, дело: я поняла!

ТАТЬЯНА.
К Онегину!
С письмом к Онегину
пошли ты внука, няня!

ФИЛИПЬЕВНА
Ну, ну, не гневайся, душа моя!
Ты знаешь, непонятна я!..
Няня берет письмо. Татьяна бледнеет.

ФИЛИПЬЕВНА. Да что ж ты снова побледнела?

ТАТЬЯНА.
Так, няня право ничего!
Пошли же внука своего!

Няня уходит. Татьяна садится к столу и снова погружается в задумчивость.

Картина третья

Уединенный уголок сада при усадьбе Лариных. Дворовые девушки с песнями собирают ягоды.

11. Хор девушек.

ДЕВУШКИ.
Девицы, красавицы,
душеньки, подруженьки!
Разыграйтесь, девицы,
разгуляйтесь, милые!
Затяните песенку,
песенку заветную.
Заманите молодца
к хороводу нашему!
Как заманим молодца,
как завидим издали,
разбежимтесь, милые,
закидаем вишеньем,
вишеньем, малиною
красною смородиной!
Не ходи подслушивать
песенки заветные,
не ходи подсматривать
игры наши девичьи!

Девушки уходят в глубину сада. Вбегает взволнованная Татьяна и в изнеможении падает на скамью.

ТАТЬЯНА.
Здесь он, здесь Евгений!
О Боже! О Боже! Что подумал он!..
Что скажет он?..
Ах, для чего,
Стенанью вняв души больной,
Не совладав сама с собой,
Ему письмо я написала!
Да, сердце мне теперь сказало,

Что насмеется надо мной
Мой соблазнитель роковой!
О, Боже мой! как я несчастна,
Как я жалка!
(Слышен шум шагов. Татьяна прислушивается.)
Шаги... все ближе...
Да, это он, это он!

(Появляется Онегин.)

ОНЕГИН.
Вы мне писали,
Не отпирайтесь. Я прочел
Души доверчивой признанья,
Любви невинной излиянья;
Мне ваша искренность мила!
Она в волненье привела
Давно умолкнувшие чувства.
Но вас хвалить я не хочу;
Я за нее вам отплачу
Признаньем также без искусства.
Примите ж исповедь мою,
Себя на суд вам отдаю!

ТАТЬЯНА.(про себя)
О Боже! Как, обидно и как больно!

ОНЕГИН.
Когда бы жизнь домашним кругом
Я ограничить захотел,
Когда б мне быть отцом, супругом
Приятный жребий повелел,

То верно б, кроме вас одной,
Невесты не искал иной.
Но я не создан для блаженства,
Ему чужда душа моя.
Напрасны ваши совершенства,
Их не достоин вовсе я.
Поверьте, (совесть в том порукой),
Супружество нам будет мукой.
Я сколько ни любил бы вас,
Привыкнув, разлюблю тотчас.
Судите ж вы, какие розы
Нам заготовил Гименей,
И, может быть, на много дней!
Мечтам и годам нет возврата!
Ах, нет возврата;
Не обновлю души моей!
Я вас люблю любовью брата,
Любовью брата,
Иль, может быть, еще нежней!
Иль, может быть еще,
Еще нежней!
Послушайте ж меня без гнева,
Сменит не раз младая дева
Мечтами легкие мечты.

ДЕВУШКИ (за сценой).
Девицы, красавицы, душеньки, подруженьки!
Разыграйтесь, девицы, разгуляйтесь, милые.

ОНЕГИН.
Учитесь властвовать собой; ...
Не всякий вас, как я, поймет.
К беде неопытность ведет!

Онегин подает руку Татьяне и они уходят по направлению к дому. Девушки продолжают петь, постепенно удаляясь.

Как заманим молодца,
как завидим издали,
разбежимтесь, милые,
закидаем вишеньем.
Не ходи подслушивать,
не ходи подсматривать
игры наши девичьи!

ДЕЙСТВИЕ ВТОРОЕ

Картина четвертая

Бал в доме Лариных. Молодежь танцует. Пожилые гости сидят группами и разговаривают, наблюдая за танцующими.

13. Антракт и вальс со сценой и хором.

ГОСТИ.
Вот так сюрприз! Никак не ожидали
военной музыки! Веселье хоть куда!
Давно уж здесь нас так не угощали!
На славу пир! Не правда ль, господа?
Уж давно нас так не угощали!
Пир на славу. Не правда ль, господа?
Браво, браво, браво, браво!
Вот так сюрприз нам!
Браво, браво, браво, браво!
Славный сюрприз для нас!

ПОЖИЛЫЕ ПОМЕЩИКИ.
В наших поместьях не часто встречаем
Бала веселого радостный блеск.
Только охотой себя развлекаем,
Люб нам охотничий гомон и треск.

МАМЕНЬКИ.
Ну уж веселье день целый летают
По дебрям, полянам, болотам, кустам!
Устанут, залягут, потом отдыхают,
И вот развлеченье для бедных всех дам!

Появляется ротный командир. Барышни окружают его.

МОЛОДЫЕ ДЕВИЦЫ.
Ах, Трифон Петрович, как мили вы, право!
Мы так благодарны вам!

РОТНЫЙ.
Полноте-с!
Я сам очень счастлив!

МОЛОДЫЕ ДЕВИЦЫ. Попляшем на славу мы!

РОТНЫЙ.
Я тоже намерен.
Начнемте ж плясать!

Танцы возобновляются. Среди танцующих - Татьяна и Онегин, привлекающие внимание дам.

ГРУППА ДАМ.
Гляньте-ка! Гляньте-ка!
Танцуют пижоны!

ДРУГАЯ ГРУППА. Давно уж пора бы...

ПЕРВЫЕ. Ну, женишок!

ВТОРЫЕ. Как жалко Танюшу!

ПЕРВЫЕ. Возьмет ее в жены...

ВМЕСТЕ.
И будет тиранить!
Он, слышно, игрок!

Кончая танцевать, Онегин медленно проходит через зал, прислушиваясь к разговорам.

ДАМЫ.
Он неуч страшный, сумасбродит,
Он дамам к ручке не подходит
Он фармазон, он пьет одно
Стаканом красное вино!

ОНЕГИН (про себя).
И вот вам мненье!
Наслушался довольно
Я разных сплетен мерзких!
По делам мне все это!
Зачем приехал я
На этот глупый бал? Зачем?
Я не прощу Владимиру услугу эту.

Буду ухаживать за Ольгой...
Взбешу его порядком!
Вот она!

Онегин направляется к Ольге. Одновременно к ней подходит Ленский.

ОНЕГИН (Ольге). Прошу вас!

ЛЕНСКИЙ (Ольге). Вы обещали мне теперь!

ОНЕГИН (Ленскому). Ошибся, верно, ты!

(Ольга танцует с Онегиным).

ЛЕНСКИЙ (про себя).
Ах, что такое!
Глазам не верю! Ольга!
Боже, что со мной...

ГОСТИ.
Пир на славу! Вот так сюрприз!
Вот так угощенье!
Веселье хоть куда!
Пир на славу! Вот так сюрприз!
Никак не ожидали военной музыки!
Веселье хоть куда!
Уж давно нас так не угощали!
Пир на славу! Не правда ль?
Браво, браво, браво, браво!
Вот так сюрприз нам!
Браво, браво, браво, браво!
Не правда ль?

На славу пир, не правда ль?
Да, военной музыки никак не ожидали мы!
Пир на славу! Веселье хоть куда!
Пир на славу!

Завидев, что Ольга закончила танцевать, Ленский подходит к ней. Онегин издали наблюдает за ними.

14. Сцена и куплеты Трике.

ЛЕНСКИЙ (Ольге).
Ужель я заслужил от вас насмешку эту?
Ах, Ольга, как жестоки вы со мной!
Что сделал я?

ОЛЬГА. Не понимаю, в чем виновата я!

ЛЕНСКИЙ
Все экосезы, все вальсы
с Онегиным вы танцевали.
Я приглашал вас, но был отвергнут!

ОЛЬГА
Владимир, это странно,
Из пустяков ты сердишься!

ЛЕНСКИЙ.
Как! Из-за пустяков!
Ужели равнодушно я видеть мог,
Когда смеялась ты кокетничая с ним?
К тебе он наклонялся и руку жал тебе!
Я видел все!

ОЛЬГА.
Все это пустяки и бред!
Ревнуешь ты напрасно,
мы так болтали с ним,
он очень мил!

ЛЕНСКИЙ.
Даже мил!
Ах, Ольга, ты меня не любишь!

ОЛЬГА. Какой ты странный!

ЛЕНСКИЙ.
Ты меня не любишь! Котильон
со мной танцуешь ты?

ОНЕГИН.
Нет, со мной.
Не правда ль, слово вы мне дали?

ОЛЬГА (Онегину). И сдержу я слово!

Ленский делает умоляющий жест.

ОЛЬГА (Ленскому).
Вот вам наказанье
за ревность вашу!

ЛЕНСКИЙ. Ольга!

ОЛЬГА. Ни за что!

Ольга и Онегин отходят от Ленского. Навстречу

им двигается оживленная группа барышень.

ОЛЬГА.
Глядите-ка!
Все барышни идут сюда с Triquet.

ОНЕГИН. Кто он?

ОЛЬГА. Француз, живет у Харликова.

МОЛОДЫЕ ДЕВИЦЫ.
Monsieur Triquet,
Monsieur Triquet,
Chantez de gréce un couplet!

TRIQUET.
Куплет имеет я с собой.
Но где, скажите, mademoiselle?
Он должен быть передо мной.

БАРЫШНИ. Вот она! Вот она!

TRIQUET.
Вы здесь. Ага!
Voila царица этот день.
Mesdames, я буду начинайт.
Прошу теперь мне не мешайт.
A cette fiete convié,
De celle dont le jour est fété,
Comtemploms la charme et la beauté.
Son aspect doux et enchanteur
Répand sur nous tous sa lueur.
De is voir quel plaisir, quel bonheur!

Que le sort comble ses désirs,
Que la joie, les jeux, les plaisirs
Fixent sur ses lévres le sourire!
Que sur le ciel de ce pays
Etoile qui toujours brille et luit,
Elle éclaire nos jours et nos nuits.
Ви роза, ви роза Ви роза belle Tatiana!
Ви роза, ви роза. Ви роза belle Tatiana!

ГОСТИ.
Браво, браво, браво,
Monsieur Triquet,
Куплет ваш превосходен
и очень, очень мило спет!

TRIQUET.
Какой прекрасный этот день,
Когда в сей деревенский сень
Просыпался belle Tatyana!
И ми приехали сюда.
Девиц и дам и господа –
Посмотреть, как расцветайт она!
Желаем много быть счастлив,
Быть вечно фея de ces rives,
Никогда не быть скучна, больна!
И пусть среди своих bonheurs
Не забывайт свой serviteur
И всех своих подруг она.
Ви роза, ви роза. Ви роза belle Tatyana!
Ви роза, ви роза. Ви роза belle Tatyana!

ГОСТИ.
Браво, браво,

Браво, Monsieur Triquet,
Куплет ваш превосходен
И очень, очень мило спет!

15. Мазурка и сцена.

РОТНЫЙ.
Messieurs, medames, места занять извольте!
Сейчас начнется котильон!
Пожалуйте!

*Начинается мазурка. Онегин танцует с Ольгой.
Ленский ревниво следит за ними. Кончив
танцевать, Онегин подходит к Ленскому.*

ОНЕГИН
Ты не танцуешь, Ленский?
Чайльд Гарольдом стоишь каким-то!
Что с тобой?

ЛЕНСКИЙ
Со мной? Ничего.
Любуюсь я тобой,
Какой ты друг прекрасный!

ОНЕГИН
Каково!
Не ожидал признанья я таково!
За что ты дуешься?

ЛЕНСКИЙ
Я дуюсь? О, нимало!
Любуюсь я, как слов своих игрой

И светской болтовней
ты кружишь головы и девочек смущаешь
Покой душевный!
Видно, для тебя одной Татьяны мало.
Из любви ко мне ты, верно, хочешь
Ольгу погубить, смутить ее покой,
А там, смеяться над нею же!
Ах, как честно это!

ОНЕГИН.
Что?! Да ты с ума сошел!

ЛЕНСКИЙ.
Прекрасно!
Меня ж ты оскорбляешь,
И меня же ты зовешь помешанным!

ГОСТИ (окружая Онегина и Ленского).
Что такое? В чем там дело? Что такое?

ЛЕНСКИЙ.
Онегин!
Вы больше мне не друг!
Быть близким с вами
Я не желаю больше!
Я... я презираю вас!

ГОСТИ.
Вот неожиданный сюрприз!
Какая ссора закипела!
У них пошло не в шутку дело!

ОНЕГИН (отводя Ленского в сторону).
Послушай, Ленский, ты не прав!
Ты не прав!
Довольно нам привлекать внимание нашей ссорой!
Я не смутил, еще ничей покой,
И признаюсь, желанья не имею его смущать!

ЛЕНСКИЙ.
Тогда зачем же ты ей руку жал,
Шептал ей что-то?
Краснела, смеясь, она!
Что, что ты говорил ей?

ОНЕГИН.
Послушай, это глупо!..
Нас окружают

ЛЕНСКИЙ.
Что за дело мне?
Я вами оскорблен.
И сатисфакции я требую!

ГОСТИ.
В чем дело?
Расскажите, расскажите, что случилось?

ЛЕНСКИЙ.
Просто я требую,
Чтоб господин Онегин
Мне объяснил свои поступки!
Он не желает этого, и я
Прошу его принять мой вызов.

ЛАРИНА.
О Боже! В нашем доме!
Пощадите, пощадите!

16. Финал

ЛЕНСКИЙ.
В вашем доме! В вашем доме!
В вашем доме, как сны золотые,
Мои детские годы текли!
В вашем доме вкусил я впервые
Радость чистой и светлой любви!
Но сегодня узнал я другое,
Я изведал, что жизнь не роман,
Честь лишь звук, дружба слово пустое,
Оскорбительный, жалкий обман,

ОНЕГИН (про себя).
Наедине с своей душой
я недоволен сам с собой.
Над этой страстью робкой, нежной,..
Я слишком пошутил небрежно!
Всем сердцем юношу любя,
Я б должен показать себя,...
Не мячиком предрассуждений,
Но мужем с честью и умом.

ТАТЬЯНА. (про себя).
Потрясена я, ум не может
Понять Евгения. Тревожит,
Меня ревнивая тоска!
Ах, терзает мне сердце тоска.
Как холодная чья-то рука,

Она мне сжала сердце
Больно так, жестоко!

ЛАРИНА, ОЛЬГА. (про себя)
Боюсь, чтобы вослед веселью,
Не завершилась ночь дуэлью!

ГОСТИ.
Бедный Ленский! Бедный юноша!

ОНЕГИН.
Я слишком пошутил небрежно.

ЛЕНСКИЙ
Я узнал здесь, что дева красою
Может быть, точно ангел, мила
И прекрасна, как день, но душою, но душою,
Точно демон, коварна и зла!

ТАТЬЯНА (про себя).
Ах, погибла я, погибла я!
Мне сердце говорит,
Но гибель от него любезна!
Погибну, погибну, мне сердце сказало,
Роптать я не смею, не смею!
Ах, зачем роптать, зачем роптать?
Не может, не может он счастья мне дать!

ОЛЬГА (про себя).
Ах, кровь в мужчинах горяча,
Они решают все сплеча;
Без ссор не могут оставаться,..
Душа в нем ревностью объята,

Но я ни в чем не виновата, ни в чем!

ЛАРИНА. (про себя).
Ах, молодежь так горяча!
Они решают все сплеча;
Без ссор не могут оставаться.
Боюсь, что вослед веселью,
Не завершилась ночь дуэлью!
Молодежь так горяча!

ОЛЬГА , ЛАРИНА (каждая про себя)
Повздорят, поспорят, – сейчас же и драться Готовы!
Ну, вот вам и праздник.
Ну, вот и скандал.

ОНЕГИН (про себя).
Наедине с своей душой
я недоволен сам с собой.

Над этой страстью робкой, нежной,..
Я слишком пошутил небрежно!
Всем сердцем юношу любя,
Я б должен показать себя,...
Не мячиком предрассуждений,
Но пылким ребёнком, но мужем уж зрелым.
Я виноват!
Наедине с своей душой
я недоволен сам с собой.
Над этой страстью робкой, нежной,..
Я слишком пошутил небрежно!
Как пылкий мальчик иль боец.
Но делать нечего теперь.
Я должен отвечать на оскорбленья!

ГОСТИ.
Ужель теперь, вослед веселю,
их ссора кончится дуэлью?
Ах, кровь в мужчинах горяча,
Они решают все сплеча;
Без ссор не могут оставаться,..
Они сейчас готовы драться!
Вот вам и праздник!
Вот и скандал!

ЛЕНСКИЙ.
Ах, нет, ты невинна, ангел мой!
Ты невинна, невинна, мой ангел1
Он низкий, коварный, бездушный предатель,
Он будет наказан!
Невинна ты, мой ангел.
Он соблазнитель низкий твой,
Но буду я тебе спаситель!
Не потерплю, чтоб развратитель
Огнём и вздохов, и похвал
Младое сердце искушал,
Чтоб червь презренный и ядовитый
Точил лилеи стебелёк
Чтобы двухутренний цветок
Увял ещё полураскрытый!
О, предатель! Бесчестный соблазнитель!

ОНЕГИН (подходя к Ленскому)
К услугам вашим я.
Я слушал вас теперь довольно!
Безумны вы, безумны вы!
И вам урок послужит к исправленью!

ЛЕНСКИЙ
Итак до завтра!
Посмотрим, кто кого проучит!
Пускай безумец я, но вы,
Вы бесчестный соблазнитель!

ОНЕГИН. Замолчите, иль я убью вас!

ГОСТИ
Что за скандал! Мы не допустим
Дуэли этой никогда.
Их просто из дому не пустим.
Держите, держите, держите!
Да, их просто из дому не пустим!
Не пустим!

ОЛЬГА. Владимир, успокойся, умоляю!

ЛЕНСКИЙ.
Ах, Ольга. Ольга! Прощай навек!

Поспешно уходит.

ГОСТИ. Быть дуэли!

Картина пятая.

Старая заброшенная мельница - место, назначенное для дуэли. Раннее зимнее утро. Ленский и его секундант Зарецкий ожидают Онегина.

17. Интродукция, сцена и ария Ленского.

ЗАРЕЦКИЙ.
Ну, что же?
Кажется, противник наш не явился.

ЛЕНСКИЙ. Явится сейчас.

ЗАРЕЦКИЙ.
Но все же это странно мне немножко
Что нет его: седьмой ведь час!
Я думал, что он ждет уж нас!

Зарецкий направляется к мельнице. Ленский сидит в задумчивости.

ЛЕНСКИЙ.
Куда, куда, куда вы удалились,
Весны моей златые дни?
Что день грядущий мне готовит?
Его мой взор напрасно ловит:
В глубокой мгле таится он!
Нет нужды; прав судьбы закон!
Паду ли я, стрелой пронзенный,
Иль мимо пролетит она,
Все благо; бдения и сна
Приходит час определенный!
Благословен и день забот,
Благословен и тьмы приход!
Блеснет заутра луч денницы
И заиграет яркий день,
А я, быть может, я гробницы
Сойду в таинственную сень!
И память юного поэта
Поглотит медленная Лета.

Забудет мир меня; но ты, ты, Ольга...
Скажи, придешь ли, дева красоты,
Слезу пролить над ранней урной
И думать: он меня любил!
Он мне единой посвятил
Рассвет печальный жизни бурной!
Ах, Ольга, я тебя любил!
Тебе единой посвятил
Рассвет печальный жизни бурной!
Ах, Ольга, я тебя любил!
Сердечный друг, желанный друг.
Приди, приди!
Желанный друг, приди, я твой супруг!
Приди, приди!
Я жду тебя, желанный друг.
Приди, приди; я твой супруг!
Куда, куда, куда вы удалились,
Златые дни, златые дни моей весны?

*Появляется Онегин и его камердинер Гильо.
Зарецкий, увидев их, подходит к Ленскому.*

18. Сцена поединка.

ЗАРЕЦКИЙ.
А, вот они!
Но с кем же ваш приятель? Не разберу!

ОНЕГИН.
Прошу вас извиненья!
Я опоздал немного.

ЗАРЕЦКИЙ.
Позвольте! Где ж ваш секундант?
В дуэлях классик я, педант;
Люблю методу я из чувства,
И человека растянуть
Позволю я не как-нибудь,
Но в строгих правилах искусства,
По всем преданьям старины.

ОНЕГИН.
Что похвалить мы в вас должны!
Мой секундант? Вот он:
Monsieur Gillot!
Я не предвижу возражений
На представление мое;
Хоть человек он неизвестный,
Но уж, конечно, малый честный.
Что ж? Начинать?

ЛЕНСКИЙ. Начнем, пожалуй!

Зарецкий и Гильо начинают приготовления к поединку. Ленский и Онегин стоят, задумавшись.

ЛЕНСКИЙ, ОНЕГИН (каждый про себя).
Враги!
Давно ли друг от друга,
Нас жажда крови отвела?
Давно ли мы часы досуга,
Трапезу, мысли и дела
Делили дружно? Ныне злобно,
Врагам наследственным подобно,
Мы друг для друга в тишине

Готовим гибель хладнокровно.
Ах! Не засмеяться ль нам, пока
Не обагрилася рука,
Не разойтись ли полюбовно?
Нет! Нет! Нет! Нет!

Зарецкий разводит противников и подает им пистолеты. Гильо прячется за дерево.

ЗАРЕЦКИЙ. Теперь сходитесь!

Зарецкий три раза хлопает в ладоши. Противники делают по четыре шага вперед и начинают целиться. Онегин стреляет первым. Ленский падает. Зарецкий и Онегин спешат к нему.

ОНЕГИН. Убит?

ЗАРЕЦКИЙ. Убит!

Онегин в ужасе хватается за голову.

ДЕЙСТВИЕ ТРЕТЬЕ

Картина шестая

Бал у одного из петербургских сановников. Гости танцуют полонез. Онегин смотрит на танцующих.

19. Полонез.

20. Сцена, экосез и ария Гремина.

ОНЕГИН (про себя).
И здесь мне скучно!
Блеск и суета большого света не разгонят
Вечной томительной тоски!
Убив на поединке друга,
Дожив без цели, без трудов,
До двадцати шести годов,
Томясь бездействием досуга,
без службы, без жены, без дел;
Себя занять я не сумел!
Мной овладело беспокойство,
Охота к перемене мест,
Весьма мучительное свойство,
Немногих добровольный крест!
Оставил я свои селенья,
Лесов и нив уединенье,
Где окровавленная тень
Ко мне являлась каждый день!
Я начал странствия без цели
Доступный чувству одному...
И что ж? К несчастью моему
И странствия мне надоели!
Я возвратился и попал,
Как Чацкий, с корабля на бал!

Гости танцуют экосез. Онегин отходит в сторону. На него обращают внимание. Входит князь Гремин под руку с Татьяной.

ГОСТИ. Княгиня Гремина! Смотрите! Смотрите!

Гости почтительно расступаются перед Греминым и Татьяной.

ГРУППА МУЖЧИН. Которая?

ДРУГАЯ ГРУППА. Сюда взгляните!

ДАМЫ. Вот та, что села у стола.

МУЖЧИНЫ. Беспечной прелестью мила!

ОНЕГИН (вглядываясь в Татьяну, про себя)
Ужель Татьяна? Точно,.. нет!
Как! Из глуши степных селений?!
Не может быть! И как проста,
Как величава, как небрежна! ...
Царицей кажется она!

(Онегин отходит в сторону Гремина).

ТАТЬЯНА (гостям).
Скажите, кто это?.. Там с мужем?
Не разгляжу.

ГОСТИ.
Чудак притворный, неизменный.
Печальный, странный сумасброд.
В чужих краях он был... И вот,
вернулся к нам теперь Онегин!

ТАТЬЯНА. Евгений?

ГОСТИ. Он известен вам?

ТАТЬЯНА
Сосед он по деревне нам.

(Про себя.) О, Боже! помоги мне скрыть,
Души ужасное волненье ...

ОНЕГИН (Гремину).
Скажи мне, князь, не знаешь ты,
Кто там в малиновом берете
С послом испанским говорит?

ГРЕМИН.
Ага! давно ж ты не был в свете!
Постой, тебя представлю я.

ОНЕГИН. Да кто ж она?

ГРЕМИН. Жена моя!

ОНЕГИН.
Так ты женат? не знал я ране!
Давно ли?

ГРЕМИН. Около двух лет.

ОНЕГИН. На ком?

ГРЕМИН. На Лариной...

ОНЕГИН. Татьяне!

ГРЕМИН. Ты ей знаком?

ОНЕГИН. Я им сосед!

ГРЕМИН
Любви все возрасты покорны,
Ее порывы благотворны
И юноше в расцвете лет
Едва увидевшему свет,
И закаленному судьбой
Бойцу с седою головой!

Онегин, я скрывать не стану,
Безумно я люблю Татьяну!
Тоскливо жизнь моя текла;
Она явилась и зажгла,
Как солнца луч среди ненастья,
Мне жизнь, и молодость,
Да, молодость, да, молодость и счастье!

Среди лукавых, малодушных,
Шальных. балованных детей,
Злодеев и смешных и скучных,
Тупых, привязчивых судей,
Среди кокеток богомольных,
Среди холопьев добровольных,
Среди вседневных модных сцен,
Учтивых ласковых измен
Среди холодных приговоров
Жестокосердой суеты,
Среди досадной пустоты
Расчетов, дум и разговоров,
Она блистает, как звезда
Во мраке ночи, в небе чистом
И мне является всегда
В сиянье ангела, в сиянье ангела лучистом.

Любви все возрасты покорны,
Ее порывы благотворны
И юноше в расцвете лет
Едва увидевшему свет,
И закаленному судьбой
Бойцу с седою головой!

Онегин, я скрывать не стану,
Безумно я люблю Татьяну!
Тоскливо жизнь моя текла;
Она явилась и зажгла,
Как солнца луч среди ненастья,
И жизнь, и молодость,
Да, молодость, да, молодость и счастье!
И жизнь, и молодость, и счастье!

Итак, пойдем, тебя представлю я.

Гремин подводит Онегина к Татьяне.

21. Сцена и ариозо Онегина, экосез.

ГРЕМИН (Татьяне).
Мой друг, позволь тебе представить
родню и друга моего,
Онегина!

Онегин кланяется.

ТАТЬЯНА (Онегину).
Я очень рада.
Встречались прежде с вами мы!

ОНЕГИН. В деревне, да... давно.

ТАТЬЯНА. Откуда? Уж не из наших ли сторон?

ОНЕГИН.
О нет!
Из дальних странствий я возвратился.

ТАТЬЯНА. И давно?

ОНЕГИН. Сегодня.

ТАТЬЯНА (Гремину). Друг мой, устала я!

Татьяна уходит, опираясь на руку Гремина. Онегин провожает ее глазами.

ОНЕГИН. (про себя).
Ужель та самая Татьяна,
Которой я наедине,
В глухой, далекой стороне
В благом пылу нравоученья,
Читал когда-то наставленья?

Та девочка, которой я
Пренебрегал в смиренной доле?
Ужели то она была
Так равнодушна, так смела?

Но что со мной? Я как во сне!
Что шевельнулось в глубине
души холодной и ленивой?
Досада, суетность иль вновь,

Забота юности – любовь?

Увы, сомненья нет, влюблен я
Влюблен, как мальчик, полный страсти юной.
Пускай погибну я, но прежде
Я в ослепительной надежде.
Вкушу волшебный яд желаний,
Упьюсь несбыточной мечтой!
Везде, везде он предо мной,
Образ желанный, дорогой!
Везде, везде оп предо мною!

Онегин быстро уходит. Гости танцуют экосез.

Картина седьмая.

Комната в доме князя Гремина. Татьяна читает письмо Онегина.

22. Заключительная сцена

ТАТЬЯНА (плача).
О! Как мне тяжело! Опять Онегин
Стал на пути моем, как призрак беспощадный!
Он взором огненным мне душу возмутил,
Он страсть заглохшую так живо воскресил,
Как будто снова девочкой я стала,
Как будто с ним меня ничто не разлучало!

Входит Онегин. Увидев Татьяну, он быстро подходит к ней и падает перед ней на колени.

Довольно, встаньте, я должна

Вам объясниться откровенно.
Онегин, помните ль тот час
Когда в саду, в аллее нас,
Судьба свела и так смиренно
Урок ваш выслушала я?

ОНЕГИН.
О, сжальтесь, сжальтесь надо мною!
Я так ошибся, я так наказан!

ТАТЬЯНА.
Онегин! Я тогда моложе,
Я лучше, кажется, была!
И я любила вас, но что же
Что в вашем сердце я нашла,
Какой ответ? Одну суровость!
Не правда ль, вам была не новость
Смиренной девочки любовь?
И нынче...

Боже, стынет кровь,
Как только вспомню взгляд холодный
И эту проповедь!
Но вас я не виню...
В тот страшный час
Вы поступили благородно
Вы были правы предо мной.
Тогда, не правда ли, в пустыне.
Вдали от суетной молвы,
Я вам не нравилась; что ж ныне
Меня преследуете вы?
Зачем у вас я на примете?
Не потому ль, что в высшем свете

Теперь являться я должна,
Что я богата и знатна,
Что муж в сраженьях изувечен,
Что нас за то ласкает двор?
Не потому ль, что мои позор
Теперь бы всеми быть замечен
И мог бы в обществе принесть
Вам соблазнительную честь?

ОНЕГИН.
Ах! О, Боже!
Ужель, ужель в мольбе моей смиренной
Увидит ваш холодный взор
Затеи хитрости презренной?
Меня терзает ваш укор!

Когда б вы знали, как ужасно
Томиться жаждою любви,
Пылать и разумом всечасно
Смирять волненье в крови,
Желать обнять у вас колени
И, зарыдав у ваших ног,
Излить мольбы, признанья, пени,
Все, все, что выразить бы мог!

ТАТЬЯНА. Я плачу!

ОНЕГИН.
Плачьте, эти слезы
Дороже всех сокровищ мира!

ТАТЬЯНА.
Ах! Счастье было так возможно,

Так близко! Так близко!

ТАТЬЯНА, ОНЕГИН
Счастье было так возможно,
Так близко! Так близко!

ТАТЬЯНА.
Но судьба моя уж решена.
И безвозвратно.

Я вышла замуж, вы должны,
Я вас прошу меня оставить!

ОНЕГИН.
Оставить вас?
Как!.. вас оставить?
Нет! Нет!
Поминутно видеть вас,
Повсюду следовать за вами.
Улыбку уст, движенье глаз
Ловить влюбленными глазами,
Внимать вам долго, понимать
Душой все ваше совершенство,
Пред вами в муках замирать,
Бледнеть и гаснуть:
Вот блаженство, вот блаженство,
Вот одна мечта моя, одно блаженство!

ТАТЬЯНА.
Онегин, в вашем сердце есть
И гордость, и прямая честь!

ОНЕГИН.
Я не могу оставить вас!

ТАТЬЯНА
Евгений! Вы должны,
я вас прошу меня оставить.

ОНЕГИН.
О, сжальтесь!

ТАТЬЯНА.
Зачем скрывать, зачем лукавить,
Я вас люблю!

ОНЕГИН
Что слышу я?
Какое слово ты сказала!
О, радость! жизнь моя!
Ты прежнею Татьяной стала!

ТАТЬЯНА.
Нет! Нет!
Прошлого не воротить!
Я отдана теперь другому,
Моя судьба уж решена.
Я буду век ему верна.

ОНЕГИН.
О, не гони, меня ты любишь!
И не оставлю я тебя
Ты жизнь свою напрасно сгубишь!
То воля неба: ты моя!
Вся жизнь твоя была залогом

Соединения со мной!
И знай: тебе я послан Богом.
До гроба я хранитель твой!
Не можешь ты меня отринуть,
Ты для меня должна покинуть
Постылый дом, и шумный свет,
Тебе другой дороги нет!

ТАТЬЯНА..
Онегин, я тверда останусь...

ОНЕГИН.
Нет, не можешь ты... меня отринуть...

ТАТЬЯНА
... судьбой другому... я дана,
С ним буду жить и не расстанусь;

ОНЕГИН
Ты для меня... должна покинуть
Всё, всё..
Постылый дом и шумный свет!
Тебе другой дороги нет!

О, не гони меня, молю!
Меня ты любишь;
Ты жизнь свою напрасно сгубишь!
Ты моя, навек моя!

ТАТЬЯНА
... Нет, клятвы помнить я должна!
(Про себя.) Глубоко в сердце проникает,
Его отчаянный призыв

Но, пыл преступный подавив,
Долг чести суровый, священный
Чувство побеждает!

ТАТЬЯНА. Я удаляюсь!

ОНЕГИН. Нет! Нет! Нет! Нет!

ТАТЬЯНА. Довольно!

ОНЕГИН. О, молю: не уходи!

ТАТЬЯНА. Нет, я тверда останусь!

ОНЕГИН. Люблю тебя, люблю тебя!

ТАТЬЯНА Оставь меня!

ОНЕГИН. Люблю тебя!

ТАТЬЯНА. Прощай навек!

Татьяна уходит.

ОНЕГИН
Позор!.. Тоска!..
О жалкий, жребий мой!

Конец оперы.

Also available from JiaHu Books:

Русланъ и Людмила — А. С. Пушкин - 9781909669000

Евгеній Онѣгинъ — А. С. Пушкин — 9781909669017

Анна Каренина — Л. Н. Толстой - 9781909669154

Чорна рада — Пантелеймон Куліш - 9781909669529

Мать — Максим Горький — 9781909669628

Рассказ о семи повешенных и другие повести — Л. Н. Андреев — 9781909669659

Леди Макбет Мценского уезда и Запечатленный ангел - Н. С. Лесков - 9781909669666

Очарованный странник — Н. С. Лесков — 9781909669727

Некуда — Н. С. Лесков - 9781909669673

Мы - Евгений Замятин- 9781909669758

www.ingramcontent.com/pod-product-compliance
Lightning Source LLC
Chambersburg PA
CBHW031419040426
42444CB00005B/647